EDMOND ET JULES DE GONCOURT

LA
LORETTE

AVEC UN DESSIN DE GAVARNI

GRAVÉ PAR JULES DE GONCOURT

PARIS
G. CHARPENTIER, ÉDITEUR
13, RUE DE GRENELLE-SAINT-GERMAIN, 13

1883

LA
LORETTE

EXEMPLAIRE

OFFERT A

Monsieur A. Frère

EDMOND ET JULES DE GONCOURT

LA
LORETTE

AVEC UN DESSIN DE GAVARNI

GRAVÉ PAR JULES DE GONCOURT

PARIS

G. CHARPENTIER, ÉDITEUR
13, RUE DE GRENELLE-SAINT-GERMAIN, 13

—

1883

A NOTRE AMI GAVARNI

Un soir, à Auteuil, vous nous disiez : « *Je hais la fille, parce que j'aime la femme.* »

A vous, ce petit livre.

Vous trouverez dans ces quelques lignes du cru, du brutal même : il est des plaies qu'on ne peut toucher qu'au fer chaud.

EDMOND ET JULES DE GONCOURT.

Juillet 1853.

LA LORETTE

Elle a un père à qui elle dit : « Adieu, papa ; tu viendras frotter chez moi dimanche. » — Elle a une mère qui prend son café au lait quotidiennement sur un poêle en fonte.

Elle est née avec l'instinct de la truffe, de l'acajou, du remise.

Elle prend son nom dans un roman taché de graisse.

Elle a des cartes en porcelaine, une

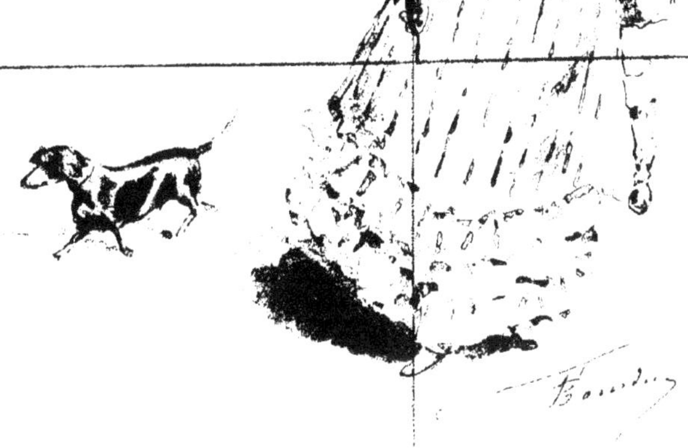

Léda en plâtre sur sa cheminée, un corset à la paresseuse, assez d'orthographe pour en mettre sur l'adresse d'une lettre, un appartement à double sortie. — Elle a une amie laide.

Elle préfère la guinée à la couronne, le ducat au florin, le carolin à la rixdale, la pistole à la piastre, le double aigle au dollar, la roupie au fanon, le ryder à l'escalin, l'impériale au rouble, le sequin au yaremlec, le napoléon à l'écu, l'or à l'argent.

Elle ne paye pas son propriétaire; elle ne paye pas sa couturière; elle ne paye pas sa crémière; elle ne paye pas son porteur d'eau. Elle paye sa lingère. Son coiffeur se paye.

Elle a un entreteneur qui la paye, un monsieur qui la paye, un vieux monsieur qui la paye, des amis qui la payent, et beaucoup d'autre monde qui la paye encore.

Elle a un amant de cœur qui ne la paye pas, mais qui paye, chez le parfumeur, le vinaigre et les savons.

Elle a des épithètes à la portée de toutes les bourses. Elle écrit aux garçons dans les prix de 100 fr. : « Si vous saviez, Albert, comme chaque jour, chaque heure, chaque minute, je remercie Dieu de vous avoir rencontré ! »

Elle vit le jour avec des gens qui ont une raie au milieu de la tête et l'esprit du journal du matin; la nuit, avec des gens qui n'ont plus de cheveux et qui ont l'esprit du journal du soir.

Elle a une portière avec qui elle

prend l'absinthe, et à qui elle pose des sangsues quand elle est malade.

Elle fait, en se déshabillant, les cartes à ses châteaux en Espagne.

Elle croit au diable, à la justice de paix, au payement des rentes.

Elle a une femme de ménage à qui elle oublie parfois de devoir, pour qu'elle dise : « Ah ! Monsieur, c'est une bien honnête petite femme ! »

Elle s'entend avec la carte des restaurateurs pour aimer les petits pois quand il n'y en a pas encore, et le raisin quand il n'y en a plus.

Elle va au Palais-Royal, dans une baignoire, pour rougir à son aise, — dit-elle.

Elle n'aime pas à souper, parce que cela fatigue. Elle soupe, parce que cela est son état. Elle n'aime pas qu'on la caresse, parce que cela chiffonne sa robe. Elle ne veut pas boire, parce que cela pourrait amener livraison avant payement.

Elle ne prend pas l'argent pour le lancer du côté où il roule. Elle le pose à plat sur le comptoir de la rue du Coq-Héron, côte à côte avec l'*anse du panier*. Elle fait l'amour pour se faire rentière.

Elle a une petite médaille de la sainte Vierge en argent, un chapelet en ivoire et du buis du dimanche des Rameaux au-dessus de ce lit qui bat monnaie.

Elle mange comme une vivandière. Elle est bête. Elle est impertinente comme la bêtise.

Elle comprend les calembours et le lansquenet.

Celle-ci se lave les mains à souper dans du champagne à 8 francs la bouteille, disant que c'est de la piquette.

Celle-là, dans un déjeuner de bal masqué, s'écrie : « Quatre heures ! Maman épluche des carottes ! »

La Lorette est cinquième pouvoir dans l'État de par cette catégorie de parents mûrs, bercés par le Directoire, et qui ont gardé les chansons de leur père nourricier, paillards, verts et satyriaques, assez riches pour mettre quelques louis à une bonne fortune mensuelle, assez budgeteurs pour ne mettre l'article *Femmes* qu'à l'article *Pertes au whist.*

Il est des Lorettes réputées drôles. Celles-là cassent les verres au dessert, les glaces au vin chaud, chantent du

Béranger au garçon, ou font le grand écart.

Il en est de même de phtisiques qu. vous menacent de mourir.

Toutes n'ont ni esprit, ni gorge, ni cœur, ni tempérament. Toutes ont même dieu : le dieu Cent-Sous.

Oh ! venez voir, courtisanes des grands siècles, venez voir, magnifiques prêtresses de la Vénus Etæra, qui marchiez dans le vice comme sur un tapis de pourpre, triomphantes, ô contemptrices du lendemain, vous qui faisiez votre métier au soleil « par amour de l'Amour », comme dit l'Antoine de Shakspeare, impératrices de luxure, qui « maudissez les coqs parce qu'ils annoncent l'aurore », venez voir ces Ménades rangées, et ces modernes

Aspasies! Venez voir, venez voir, ce roman-Barême! O grandes dédaigneuses du viager, venez voir ces créatures, vos petites-filles, détailleuses de volupté, dépouilleuses d'enfants, gratteuses de vieillesses, poétiques comme des tirelires! Venez voir, vous qui viviez votre vie sans savoir où elle vous menait, ô vous qui jetiez le fond de votre coupe à l'avenir, et votre couronne fanée aux soucis qui s'empressent, et votre tête à toutes les ivresses, et votre cœur à tous les vents, et vos lèvres à toutes les bouches, venez voir ce vice avare de lui-même, et cette maigre carottière: la Lorette!

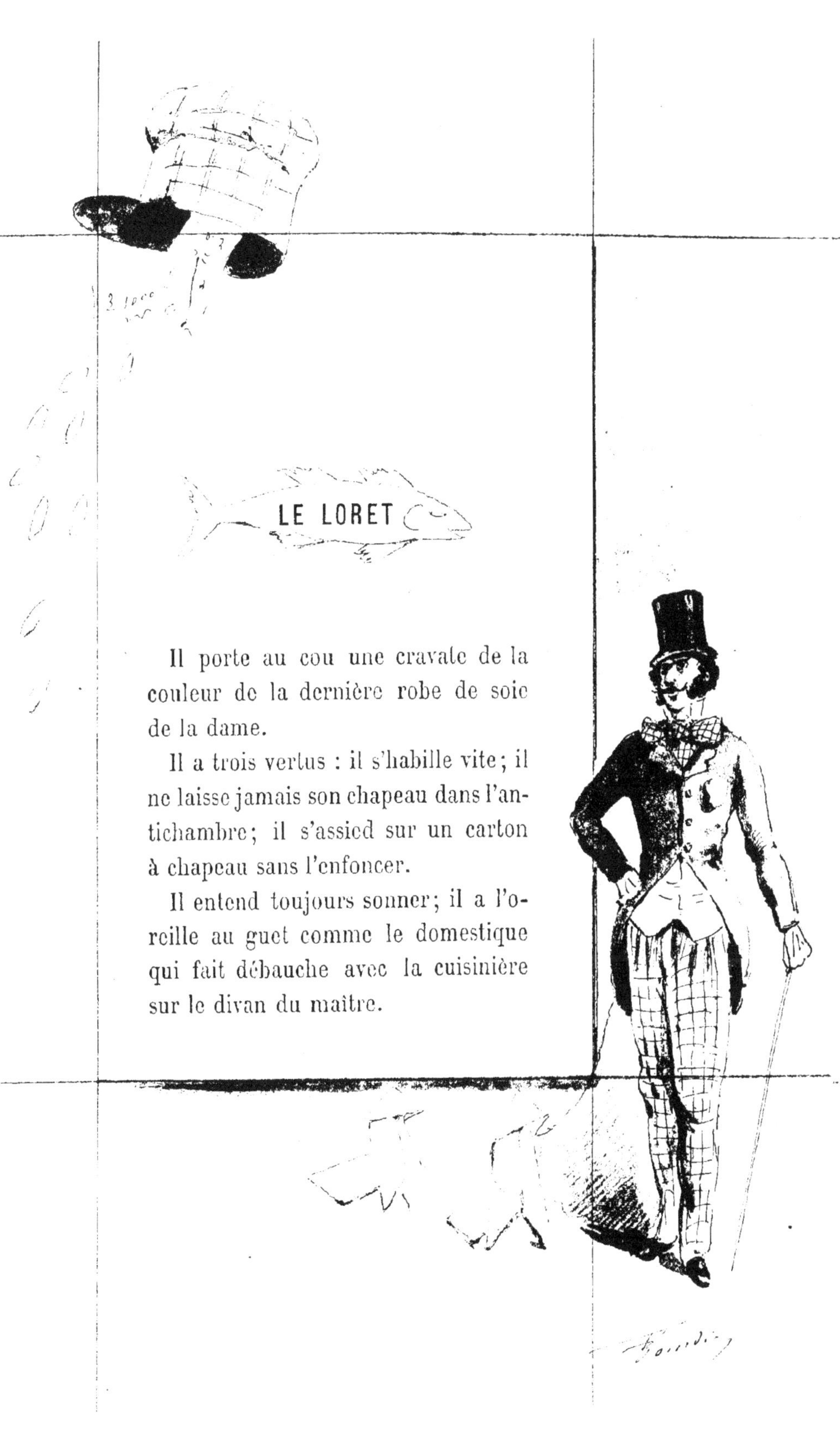

LE LORET

Il porte au cou une cravate de la couleur de la dernière robe de soie de la dame.

Il a trois vertus : il s'habille vite; il ne laisse jamais son chapeau dans l'antichambre; il s'assied sur un carton à chapeau sans l'enfoncer.

Il entend toujours sonner; il a l'oreille au guet comme le domestique qui fait débauche avec la cuisinière sur le divan du maître.

Il a des bottes qui ne crient pas. Il est petit, mignon : un amoureux de poche. Il tient partout, sauf dans un pâté, comme Bébé.

Il a chez lui, sur une planche, un volume dépareillé de M. de Foudras, *la Guerre des Dieux* de Parny, *l'Art de mettre sa cravate*, quatre paires de bottes vernies. Il a dans son secrétaire des factures de parfumerie.

Il n'apporte rien au pique-nique de l'amour : il vit de la desserte. Il paye sa pension bourgeoise avec des cachets d'amour.

Il se sert du coiffeur de la dame ; il a la blanchisseuse de la dame ; il a le bijoutier de la dame.

Il donne à la dame — des conseils sur le mobilier, des conseils sur la toilette, des conseils sur le dîner, — les places de spectacle qu'on lui donne, — et de son style, quand besoin est.

Il donne encore à la dame, au jour de l'an, une Ève en papier gaufré, qu'il achète passage Jouffroy.

Il lui promet d'être riche, quand il est gris.

Il va chez le propriétaire,

Monte les lettres de chez le portier,

Porte les cartes,

Plaide en justice de paix,

Attend chez la marchande de modes,

Commande l'ordonnance chez le pharmacien,

Engage au mont-de-piété.

C'est un « au nom et comme fondé de pouvoir » de la prostituée sans tarif.

Il fait mépris du mépris du monde. Il a de Vespasien la philosophie sceptique sur l'origine des choses et de l'argent.

Il oublie de payer les cigares à la bonne. Il n'a pas de monnaie pour les petits bancs.

Il vit de ce qu'une femme doit dire de tel homme : « Il m'a eue; » et de tel autre : « Je l'ai eu. »

Il avait l'an dernier un pantalon noir et gris qui n'avait que deux carreaux en tout, des boutons de manchettes en sequins. Il a une lorgnette en nacre qu'il prête à la dame quand elle va au spectacle.

Il se gante avec du 7 1/2.

Il a des chaussettes de soie et des bretelles brodées.

Il a la conversation d'un danseur de théâtre.

Il dit comme Elleviou, aux femmes à côté desquelles il dîne : « Ma chère, vous avez la main presque aussi blanche que moi. »

Il dit d'une femme — non qu'elle a de beaux yeux, non qu'elle a la taille belle, non qu'elle a les dents blanches; il dit : « C'est une femme en velours. »

Il chantonne du Nadaud.

Il est habillé par un tailleur qui trouve moins cher de s'annoncer sur son dos que dans les journaux. C'est une réclame qui marche.

Il se promène aux Champs-Élysées. Il sait les impures, les propriétaires et les usufruitiers. Il se donne pour savoir les voitures, les chevaux et ce qu'ils traînent, les *dog-cart* et qui les mène.

Il aime les gâteaux et le thé le soir. Il mange au gâteau entamé.

Odorant, pimpant, coquetant, papillonnant, brossé, lissé, ciré, musqué, coiffé, blaireauté ; Rubempré qui ne fait pas de feuilletons, et qui n'a pas d'argent de poche ! Zamore blanc ! Don Guerluchon de Bréda ! Richelieu de louage !

Il ne voit pas plus les bouquets chez les bouquetières, que les bouts de cigare éteints sur la cheminée de la dame.

Il sait se garer du contre-temps, « cette ignorance du temps et de l'occasion ».

Il ne confond jamais ses heures avec celles de M. Plutus, et, s'il vient à le rencontrer dans l'escalier, il le salue.

Aux soupers du vieux monsieur, il veut bien faire le *quatorzième*.

Il n'est pas jaloux de ses jeunes amis riches.

Aujourd'hui surnuméraire, demain appointé.

LE VIEUX MONSIEUR

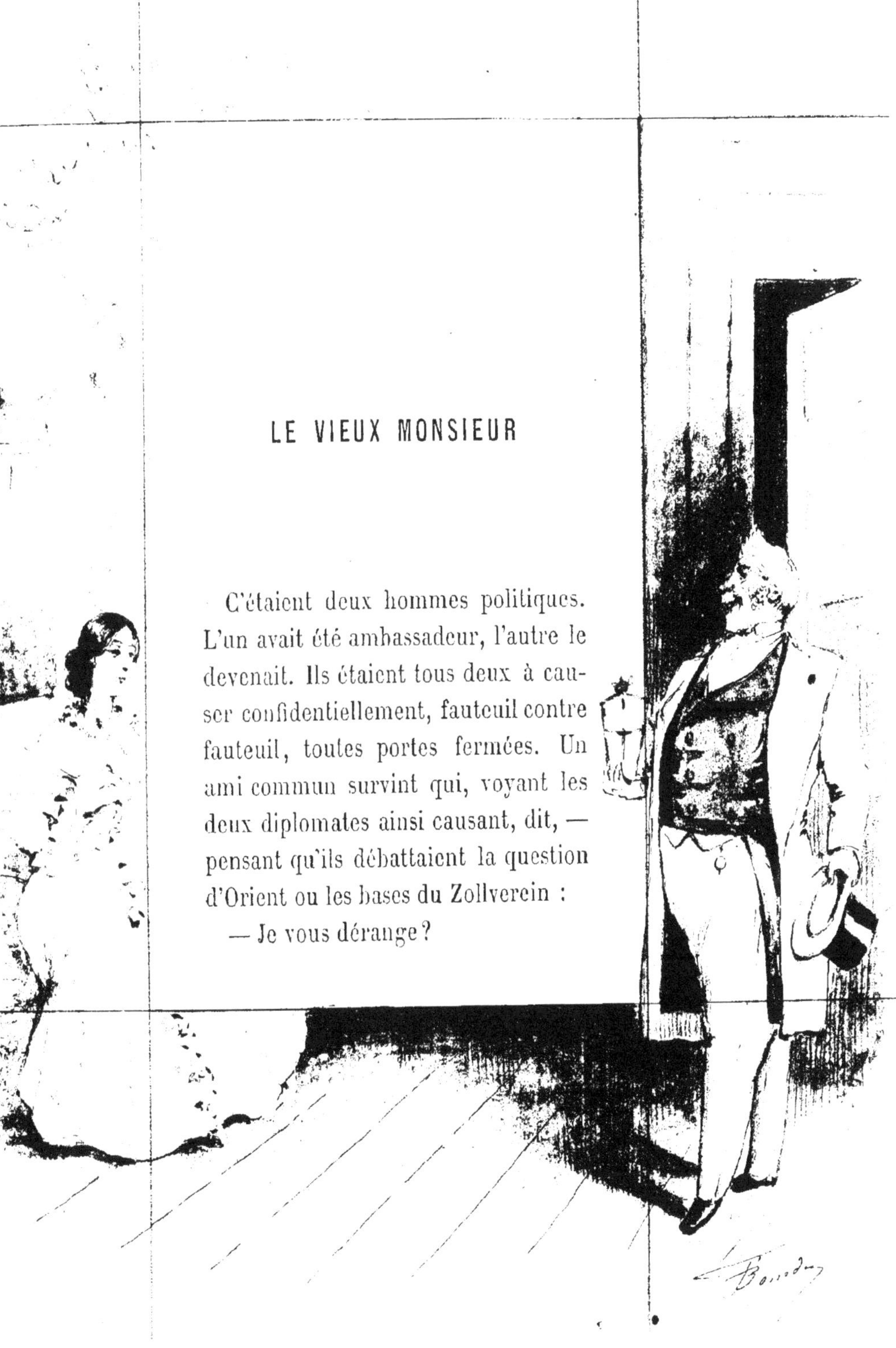

C'étaient deux hommes politiques. L'un avait été ambassadeur, l'autre le devenait. Ils étaient tous deux à causer confidentiellement, fauteuil contre fauteuil, toutes portes fermées. Un ami commun survint qui, voyant les deux diplomates ainsi causant, dit, — pensant qu'ils débattaient la question d'Orient ou les bases du Zollverein :

— Je vous dérange?

— Non, mon cher, dit l'ambassadeur, vous pouvez rester; nous sommes en train de discuter si l'on doit porter ses décorations rue de Bréda. Moi je dis oui, lui dit non ; qu'en dites-vous?

Il paraît que l'ami dit comme l'ambassadeur, car le vieux monsieur chez la Lorette est toujours décoré.

Le vieux monsieur a l'âge où l'on marchande des Baudouin, où l'on se rase à quatre heures du matin, le matin d'un rendez-vous, où l'on achète les Œuvres badines de Piron ; l'âge où l'on a les oreilles moussues, où le valet de chambre sourit certains soirs en coiffant le maître, où l'on est revenu du mariage, où les cravates blanches vont bien, où l'on saisit sa lorgnette quand Mme Octave se baisse, où les cheveux grisonnent, où l'on croit à la jalousie d'une maîtresse, où les femmes vous estiment, où les illusions recommencent, où l'on vous prend comme conseil pour marier une fille, où la bourse s'attendrit, où le cœur tombe en enfance ; l'âge où Mercure vous mène, en se moquant, à la Vénus à vendre.

Le vieux monsieur sait que le linge est la réhabilitation du vieillard, et arrive toujours de linge blanc vêtu des pieds au cou. — On en a cependant vu de très sales.

Quand il va à un rendez-vous, il a la bouche en cœur, la démarche juvénile, et donne sur sa route des poignées de main aux gens qui le saluent.

Il s'informe de la santé de la bonne, qui lui fait les cornes comme une servante de Molière, et donne un morceau de sucre au *kings-charles*, qui aboie après les vieux.

Quand il entre, — le vieux monsieur est défiant comme l'expérience; — quand il entre, il inspecte les patères de l'antichambre, glisse l'œil sur la cheminée, sur les fauteuils, puis sous le lit; mais si par hasard il venait à regarder plus haut, et à ne pas voir Madame seule, il dirait comme ce mari : Jure-moi que tu ne m'as pas trompé !

Il veut un bon feu quand il arrive, des attentions de petits plats quand il dîne, de la complaisance, du thé noir, et la tête haute, et le côté droit du lit quand il a bien dîné. Il veut encore être aimé pour lui, et donnerait vingt mille francs à une femme pour être son amant de cœur.

Il se fait plaisantin dans le tête-à-tête pour faire rire la Lorette, et remonte aux calembours de Carle Vernet.

Quand le vieux monsieur rencontre un jeune homme chez la Lorette, et que la Lorette les laisse seuls ensemble, le vieux monsieur croise une jambe, puis l'autre, regarde l'heure, et demande au jeune homme s'il a entendu le dernier sermon du père Lacordaire, ou lui raconte ses chasses au Raincy.

Quand le jeune homme est sorti, le vieux monsieur prêche pour son saint, énumère à la Lorette les charmes de la foi gardée, les récompenses terrestres de la fidélité, et lui fait un cours de morale pour la prémunir contre ce qui est beau et ce qui est jeune.

Il est jaloux des gens qui ont des cheveux, jaloux des gens qui ont leurs dents, jaloux des gens qui n'ont pas de ventre, jaloux des gens qui portent des moustaches, jaloux des gens qui n'en ont pas encore, jaloux des gens qu'il rencontre, jaloux des gens qu'il ne rencontre pas, et boude les romans qui donnent toujours vingt-cinq ans à l'amoureux.

Il se cache du monde, du soleil, des lumières. Il est amoureux de nuit et de mystère. Il lui faut l'hiver, l'ombre d'une baignoire. Il passe les premières soirées du printemps à chercher sur la carte des environs de Paris un village utopique, loin d'une route départementale, communale, vicinale.

Il apporte à la Lorette de l'or tout neuf. Il fait porter à la Lorette, de chez Chevet, le premier régime de bananes; de chez Roques, le flacon en cristal de roche qu'elle a marchandé hier. Il a donné à la mère de la Lorette la porte d'une de ses maisons. Il fournit la Lorette de cigares. Il paye, le soir, les vases de Saxe qu'un monsieur de passage a donnés à la Lorette, et qu'elle dit avoir achetés le matin. Il a eu, pour la Lorette, des billets le jour où M. de Musset a été reçu de l'Académie. Il a désintéressé le patron que le frère de la Lorette avait volé. Il a fait venir à la Lorette un chien d'Angleterre et des coussins de cygne de la province d'Oran. Il a promis à la Lorette de la faire débuter à Chantereine. Il a été voir, pour ce faire, un journaliste qu'il n'a pas vu depuis le collège. Il achète à la Lorette des fruits chez Malliez toutes les fois qu'il revient de la campagne. Il porte une ceinture hypogastrique, met des bottes qui lui font mal, ceint des gilets de flanelle rose.

Le vieux monsieur se sait toujours attendu les mains pleines. Fleurs ou bonbons, ou babioles, peu importe, pourvu qu'il n'ait pas les mains vides; si bien qu'il lui arrive quelquefois d'apporter le *Constitutionnel*, pour apporter quelque chose.

Il fait tout cela; il est tout cela. Et que fait à la Lorette?

« La petite Lacour, — dit Champfort, — traitait ainsi le duc de La Vallière. Elle lui ôtait son cordon bleu, le mettait à terre, et lui disait : — Mets-toi à genoux là-dessus, vieille ducaille! »

Ainsi il se met à genoux sur sa vieillesse, le misérable vieillard! Rivé au *pieu*, ce mot terrible dont l'argot a baptisé le lit des sales amours, il a fait de ses cheveux blancs le hochet de la Lorette; et puis, vient un jour où la femelle, rentée par lui, lui crache, brutale et cynique, ses dégoûts à la face : « Eh bien, vas en trouver une autre, pour aimer un homme qui sent le rance! »

Et quelquefois, il a laissé, seule, auprès du feu, une belle jeune fille, sa fille, qui se demande, le cœur gros, pourquoi son père sort tous les soirs après dîner, — et si c'est qu'il ne l'aime plus?

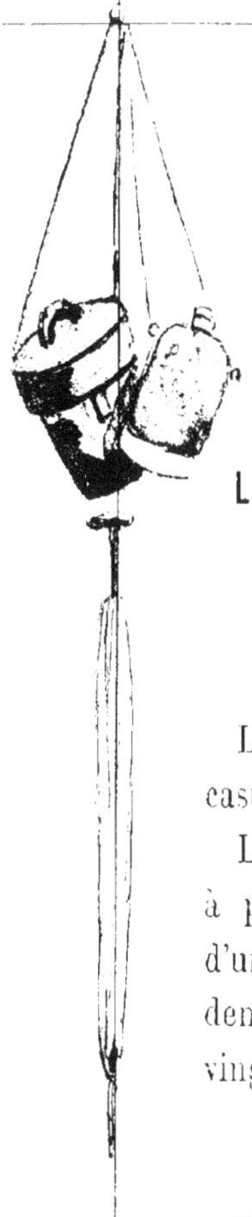

LES MESSIEURS DE PASSAGE

Les Messieurs de passage sont le casuel de la Lorette.

Les Messieurs de passage se trouvent à point, quand la Lorette a besoin d'une robe de trois cents francs, d'une dentelle de quatre louis, — ou de vingt francs!

MONSIEUR MILORD.

Monsieur Milord est passé sur le

continent, pour étudier les dessins de Gavarni sur les originaux. Monsieur Milord prend du même coup une maîtresse et un cornac. La Lorette doit être, et le *fou* de son spleen, et le cicerone de ses études dans le *Guide du voyageur*. Il s'en rapporte à elle pour choisir le restaurant; et c'est elle qu'il charge de lui expliquer, au musée de Cluny, certaine serrurerie de chasteté.

En mettant le pied sur la terre de France, Monsieur Milord a boutonné son habit comme un bourgeois se préparant à traverser la rue Vide-Gousset. Monsieur Milord est aujourd'hui un homme comme un autre, discutant les vins, refaisant les additions, vérifiant la carte chez la Lorette comme chez

Verdier, marchandant ses plaisirs et redemandant sa monnaie. Il n'exige plus qu'on lui enveloppe ses sous dans du papier. Le premier mot de français qu'il sait prononcer est : « Trop cher. » Il vit sur sa réputation, se prétend toujours mis au pillage, et rabat, sur ce qu'il donne aujourd'hui à la Lorette, tout ce que son père a donné, en 1815, aux sirènes du Palais-Royal.

« Monsieur Milord! vous qui faisiez mettre les *demoisillons* aux fenêtres, et les aubergistes, le bonnet de coton à la main, sur le pas de toutes les auberges de France! Monsieur Milord! vous dont les poches semblaient trouées quand passait une belle fille! Monsieur Milord! vous qui payiez, payiez, payiez! Monsieur Milord! vous la providence des saisons mortes et des temps de chômage! Monsieur Milord! revenez-nous! Revenez-nous, Monsieur Milord! » — Ainsi elles prient; et de la rue La Bruyère à la rue Coquenard, elles appellent vainement.

L'idéal de Monsieur Milord est une femme qui ait le nez relevé, qui joue du piano, et qui mange du pâté à la rhubarbe.

MONSIEUR DE LA MARINE MARCHANDE.

Monsieur de la Marine marchande est un joyeux diable qui revient brûlé, hâlé, tanné, de quelque part comme du Sénégal ou de Batavia. Il n'a vu, pendant dix-huit mois, comme Don César, que femmes noires, rouges, jaunes, vertes; que mamelles extravagantes de négresses rejetées par-dessus l'épaule aux négrillons; que jeunes héritières de Tahiti, déjeunant de leurs poux au soleil. Pendant dix-huit mois, ses propos d'amour ont été concis comme l'échange d'un collier de verroteries contre une pudeur sous pagne; et pourvu que la Lorette ait une peau à peu près unie, une anatomie à peu près européenne, une toilette à peu près parisienne, et quelque chose dans la figure comme deux yeux, un nez, et une bouche à peu près en ordre, le Monsieur de la Marine marchande est avec elle rond comme une pièce de cent sous, et donnant comme un corsaire, disant que tous les saints demandent à être jurés, et s'inquiétant

peu du livre : *Ce qu'il y a dans le cœur des femmes.*

L'idéal du Monsieur de la Marine marchande est une femme qui chante du de Sade en couplets, qui boive le bain de pied du petit verre, qui retienne le nom de son bâtiment, et qui lève la jambe comme Brididi.

MONSIEUR LE PRINCE RUSSE.

Monsieur le Prince russe est un étranger qui parle le français comme s'il était Parisien, et qui s'arrête devant chez Aubert comme s'il n'était pas Russe ; venant *engueuser* son cœur six mois de l'année à Paris ; un yacht à Marseille ; des serfs en Russie, habillé en homme par Pierre le Grand, en gentilhomme par Humann ; un million de rente, et de l'esprit comme s'il ne l'avait pas ; encore du dix-huitième siècle pour les manières : achetant, en grand seigneur, l'amour tout fait ; laissant mettre, à l'Hôtel des Princes, son nom sur la liste des étrangers de distinction que fait demander la Lorette.

L'idéal de Monsieur le Prince russe est une femme qui sente le patchouly, ait étudié Jules Romain dans l'Arétin, et se laisse battre.

MONSIEUR DE L'AMBASSADE DES CACHEMIRES.

Une chose est pour la Lorette ce qu'est une montre pour l'enfant de treize ans, la possession d'une actrice pour l'enfant de dix-sept, l'Académie pour le jeune homme de soixante ; une chose à fond rouge, ou noir, ou vert, chargée de différentes couleurs : une chose faite avec la laine des chèvres de l'Ourna-Dessa ; — cette chose est un cachemire de l'Inde.

La Lorette est née avec la conviction qu'un homme qui a sur la tête une calotte rouge et un gland bleu, les moustaches fines et noires, le nez arqué, les yeux comme les acteurs que la Lorette a vus à l'Odéon dans le *Chariot d'enfant*, a toujours dans sa poche le châle désiré. Du *fez*, elle conclut à la parenté de la vallée de Kachmir.

Monsieur de l'Ambassade n'a encore donné que :

Les flacons d'essence de rose de Constantinople;

Des confitures de roses;

Des bracelets en pastilles du sérail.

N'importe! il demeure, aux yeux de la Lorette, le symbole vivant du cachemire.

L'idéal du Persan est l'idéal du Turc. — L'idéal du Turc est, à ce qu'il paraît, la Vénus hottentote — blanche.

MONSIEUR TOUT-LE-MONDE.

Monsieur Tout-le-Monde est de toutes les nuances de cheveux, de toutes les nationalités, de toutes les tailles, de toutes les religions, de tous les âges, de toutes les fortunes, de toutes les positions sociales. — Ce qui lui donne à venir chez la Lorette, c'est une apoplexie avunculaire, un pot-de-vin, un coup de lansquenet, le gain d'un procès, la vente d'un mauvais livre, une gratification, une hausse sur les suifs, une faillite spirituelle, les cent représentations d'une pièce morale, un chef-d'œuvre, une infamie! C'est le choléra s'il est médecin, l'héritage de sa femme s'il est marié, l'argent des cuisinières s'il a écrit une *Cuisinière bourgeoise*, l'argent de tout le monde s'il est voleur! — Il a tous les habits, tous les tons, tous les goûts, toutes les opinions. Il écrit à la Lorette en prose, — à moins qu'il ne lui écrive en vers.

Les amours de Monsieur Tout-le-

Monde avec la Lorette n'ont eu qu'un grand résultat : l'extension du daguerréotype.

Monsieur Tout-le-Monde se défend. Il ne s'indigne pas. La vénalité de l'amour, il la reconnaît en principe ; la cherté de l'amour, il essaye d'y parer. S'il ne payait pas, il se croirait adoré. S'il paye peu, il se croit aimé. Un rabais l'illusionne.

Monsieur Tout-le-Monde n'est pas du bois dont on fait les aveugles. Il a le catalogue de toutes les fourberies de femmes, de toutes absolument, — excepté de la fourberie à laquelle la Lorette le prendra ce soir.

Monsieur Tout-le-Monde se défie, quand il a la Lorette au bras, des étalages de marchands de nouveautés l'été, des étalages de marchands de fourrures l'hiver, des étalages de marchandes de modes en toutes saisons. Il se demande qui a fait les rues avec des boutiques, et les années avec des jour de l'an. Il se demande qui a donné tant de noms de baptême à la Lorette, que sa fête est comme une Revue, qu'elle reparaît tous les mois.

Ses amis de quarante ans lui ont dit qu'il y avait eu des femmes qui travaillaient dans des mansardes, qui lisaient Esquiros, qui s'achetaient leurs robes, qui mouraient de la poitrine; que ces femmes s'appelaient Grisettes : Monsieur Tout-le-Monde ne croit pas à l'existence de ces femmes. — Fourier lui a dit qu'il lui donnerait, dans son système de bonheur à la mécanique, des bacchantes gratuites : — Monsieur Tout-le-Monde a haussé les épaules.

Monsieur Tout-le-Monde estime naturel que l'amour soit une cotisation personnelle. Seulement il se donne toujours des raisons pour être taxé moins cher que son prédécesseur, ou que ses collègues. S'il est marié, Monsieur Tout-le-Monde se dit qu'il a une femme et des enfants, et qu'il ne faut pas que ses goûts empiètent sur son ménage ; s'il est garçon, Monsieur Tout-le-Monde se dit qu'il a l'âge de don Juan, et qu'il est un homme aimable.

Malgré tout, c'est Monsieur Tout-le-Monde qui, par toutes ses mains, donne la pâtée à la femme estomac ; c'est Monsieur Tout-le-Monde qui a fait la curiosité autour de l'espèce; c'est Monsieur Tout-le-Monde qui a fait regarder les salons dans la rue; c'est de Monsieur Tout-le-Monde que les femmes du monde ont pris le bras pour aller à Mabille voir danser la *Limande amoureuse;* c'est de Monsieur Tout-le-Monde que la littérature contemporaine a pris le mot d'ordre pour faire obtenir à la Lorette crédit sur l'opinion publique.

L'idéal que rêve Monsieur Tout-le-Monde, c'est quand il pose la main sur la poitrine de la créature, de sentir battre quelque chose sous sa main.

Il n'a encore rien senti battre sous sa main.

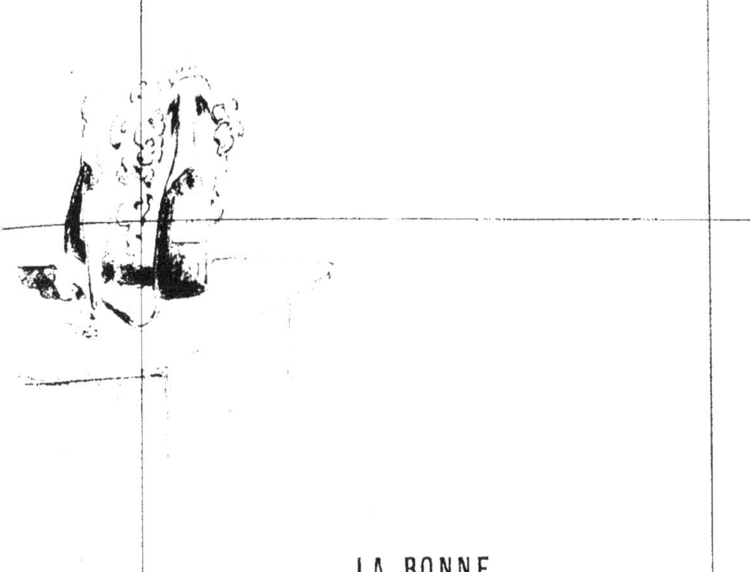

LA BONNE

La bonne de la Lorette doit savoir mettre le pot-au-feu, vernir une paire de bottes, faire du café, apporter une lettre comme à l'Odéon, assaisonner une salade.

La bonne de la Lorette a, sur le bout des cheveux, un bonnet en tulle avec des rubans qui s'envolent, au cou un col amazone, au dos une robe de mérinos marron, au ventre un tablier à

cordons lâches, aux pieds de vieilles pantoufles de la Lorette, bordées d'une petite ruche rose passé.

La bonne est comme le peuple d'Israël : elle a des yeux pour ne point voir, et des oreilles pour ne point entendre.

La bonne aime le petit salé, la musique militaire, les fonds de bouteille, les mouchoirs oubliés, les lilas de Romainville, le bal masqué du Mont-Blanc, les pièces féeriques, le sommeil du matin, la gibelotte hors barrière.

La bonne *tue le ver*, au lever, en prenant le cassis avec l'écaillère du coin.

La bonne est sensible aux compliments du domestique du vieux monsieur, à la belle tenue de la garde républicaine, à la veste en velours de M. Francis, — le garçon coiffeur.

La bonne aime au dehors. Madame lui a dit, en entrant : « Avant tout, mademoiselle, il faut des mœurs chez moi. »

La bonne divise les amants de Madame en deux classes : les bottes vernies, les bottes cirées ; et a toutes sortes d'insolences au service des gens crottés.

La bonne sait les visites qui ferment la porte à tout le monde.

La bonne reconnaît au coup de sonnette : un créancier, M. Guerluchon, la Fortune. Elle n'ouvre pas au créancier, salue d'un petit air de tête M. Guerluchon, fait une grande révérence aux chemises boutonnées d'un diamant.

Quand Madame a dit comme l'abbé Dubois : « Je n'y suis pas, quand même viendrait Dieu le Père », la bonne ne laisserait pas entrer, quand même ce serait le diable. Elle dirait : « Madame n'y est pas », à l'homme qui remonterait chercher ses gants.

La bonne entend merveilleusement le passe-passe des amours. Elle a le génie du corridor et de la double issue. Elle est l'huissier des galanteries. Elle est le régisseur des allées et des venues. Elle indique d'un geste, d'un coup d'œil, les entrées, les sorties et les fausses sorties. Elle semble avoir été élevée dans une comédie de Beaumarchais. Elle fait se côtoyer les visites, sans se cogner. Elle improvise des oubliettes : elle jette l'un dans un placard, elle enlève en moins de rien la canne de l'autre. Elle a trois mille et une façons de faire attendre le vieux monsieur cinq minutes : « Comment va monsieur? Madame était inquiète ce matin; elle voulait m'envoyer chez monsieur... » Une porte intérieure se ferme; elle tousse et elle crie, du ton le plus joyeux, de l'antichambre : « Madame, c'est monsieur! » — Elle sauverait dix honnêtes femmes.

Quand Madame compte, la bonne dit, comme la caricature : « Un petit pain d'un sou, deux sous. » La bonne vole; mais Madame ne paye pas, et la bonne serait volée si elle ne volait pas Madame.

Quand Madame écrit une lettre, et que la bonne sait écrire, Madame sonne la bonne pour s'éclairer sur les noms propres.

Quand Madame a le dos tourné, la bonne prend des bougies à Madame, pour lire la nuit, dans sa chambre à tabatière, soit l'*Amour conjugal*, soit *Pauline*.

La bonne n'a jamais vu de rosières.

La bonne va chercher des livres au cabinet de lecture, et dit : « Le père de Madame est mort hier au soir. Il lui faudrait quelque chose de gai ; vous comprenez?... Du Paul de Kock, ça lui irait. »

La bonne va le vendredi avec Madame acheter des fleurs au marché de la Madeleine.

Quand Madame n'a pas de monde le soir, la bonne s'assied sur le pied du lit, et dit : « Madame, faites-moi donc les cartes. »

Quand même Madame s'est couchée seule, la bonne frappe avant d'entrer le matin.

Quand Madame va passer la journée à la Mare d'Auteuil, avec M. Guerluchon, elle emmène la bonne pour porter son panier à ouvrage.

Quand Madame va au spectacle, elle emmène la bonne, et M. Guerluchon pour expliquer le spectacle à la bonne.

Quand Madame l'envoie aux recouvrements, la bonne sait d'avance ce qu'il y a dans les lettres qu'elle porte ; ceci : « J'espérais hier recevoir quelque argent que j'attendais. Malheureusement... » — ou ceci : « Ma modiste doit venir aujourd'hui toucher le montant... »

Quand Madame est à Mabille, la bonne va à la *Boule noire*, et noue son bonnet blanc autour de sa bouteille de bière, pour la reconnaître après la contredanse.

La bonne fait le lit de Madame sans rougir, et, en se baissant, sa petite croix à la Jeannette sautille sur les draps fripés.

La bonne a l'ambition d'être Madame. Depuis huit jours, elle essaye à la glace les chapeaux de Madame, quand Madame est sortie. Elle ne dit plus *généranium*. Elle fait la cuisine avec de vieux gants blancs.

La bonne dit : « Madame », gros comme le bras, jusqu'au jour où elle crie : « Tu vas me ficher mon compte ! »

La bonne de la Lorette est deux choses : confidente quand Madame est chez elle ; bouchon de paille quand Madame sort.

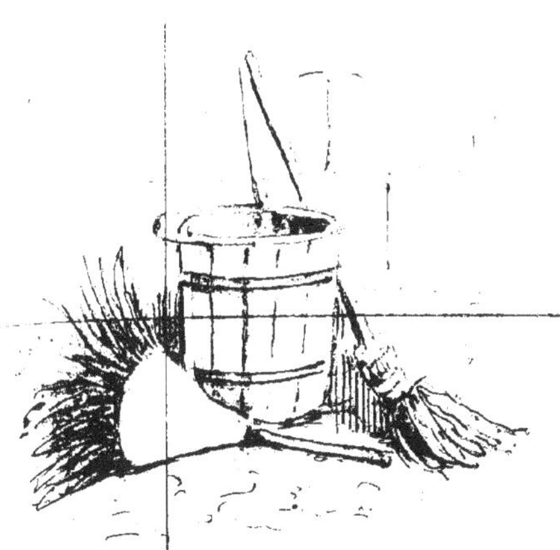

PAPA ET MAMAN

Il y eut une fois une mère de deux jolies filles qui suivaient les cours du Conservatoire. La mère alla trouver le directeur : — « Oui! faut vous croire, monsieur le directeur, l'aînée ça travaille plus... Mais qu'est-ce que c'est qu'une enfant qui n'aime pas à sortir, qui ne s'habille pas?... A la messe tous les jours; et le dimanche, alors, pourquoi que c'est faire?... Elle travaille, oui ; même qu'à la maison elle ne démarre pas de ses cahiers... Mais c'est-y là une jeunesse, d'être toujours le nez dessus ? avec ça qu'elle n'entre pas pour un morceau de sucre dans la dépense du ménage... C'est pas comme ma Sophie, monsieur ! une vraie fille celle-là !... Chatteries par-ci, du chocolat par-là, et de la bougie qu'elle m'apporte, est-ce que je sais ?... Faut la voir en toilette !... Et pas fière ! Elle descend de coupé à c'te fin de me voir... Et des connaissances qui lui auront des débuts, comme je suis sa mère !... Au lieu que sa sœur, avec tout son gosier, elle me retombera toujours sur le dos, moi que j'ai fait tant de sacrifices pour son éducation ! »

C'est là la maman.

Il y eut une fois un père, élevé à l'école des pères de *Jenny l'Ouvrière*, — un père brutal.

La mère était blanchisseuse ; la fille aînée aidait sa mère ; le père ne faisait rien ; la fille cadette reportait le linge en ville.

Or, un jour qu'elle était en courses, elle alla chez un monsieur dont le domestique était sorti.

La petite était mieux ingénue qu'une enfant. Elle se serra, ne sachant ce que c'était, et continua, en se rejetant sur une hanche, à porter son panier lourd.

La sœur devint confidente ; — la petite se serrait toujours : — puis la mère.

Un jour que le père rentra, il vit

qu'on avait pleuré à la maison. Il demanda ce qu'il y avait. On lui répondit qu'il n'y avait rien; et de la manière dont on lui répondit qu'il n'y avait rien, il se douta de quelque chose.

Il se mit au lit, et fit semblant de dormir. Au milieu de la nuit, sa femme se leva sur son séant, retenant ses sanglots, et tâchant de gémir tout bas. Il dit à sa femme : « Qu'as-tu de pleurer la nuit! » — et si brusquement, et si impérieusement, que la pauvre femme lui dit : « Notre fille !... »

Le père se leva ; il monta à la chambre où les deux sœurs couchaient dans le même lit. Les filles s'éveillèrent au bruit. Le père se jeta sur l'aînée, et se mit à la battre rudement, pensant que c'était elle. Pendant qu'on la battait, l'aînée ne dit rien, acceptant les coups pour sa sœur.

Quand la cadette vit cela, et que sa sœur était battue pour elle, elle se sauva vers la porte, disant : « Papa ! c'est moi ! c'est moi ! » — et criant.

Le père courut après elle, le bras levé.

Le monsieur était riche ; mais il fut généreux. Il entretint la petite. — Tous les deux jours, le père brutal met un chapeau et vient emprunter vingt francs à sa fille.

C'est là le papa.

26 janvier 1853.

TABLE DES MATIÈRES

Paris. — Typ. G. Chamerot, 19, r. des Sts-Pères. — 11371.

PARIS

TYPOGRAPHIE GEORGES CHAMEROT

19, rue des Saints-Pères, 19

www.ingramcontent.com/pod-product-compliance
Ingram Content Group UK Ltd.
Pitfield, Milton Keynes, MK11 3LW, UK
UKHW020408180726
13839UKWH00003B/1274